GUSTAVE GARREZ

GUSTAVE GARREZ.

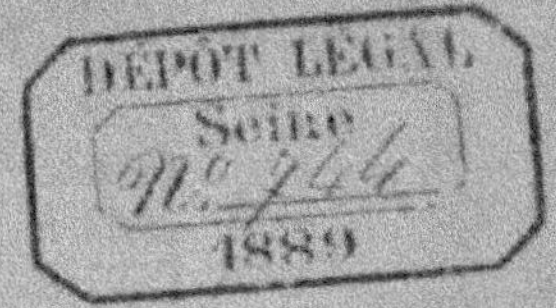

L'année qui finit a été cruelle en France aux études indiennes. Il y a quelques mois, un accident tragique enlevait Abel Bergaigne, dans l'active maturité de sa carrière, dans la possession définitive de ses idées personnelles, à l'espoir des études védiques qu'il avait renouvelées parmi nous, à la tâche brillante d'un enseignement dont il avait été le restaurateur infatigable, à l'affection de tous ceux qui avaient pu connaître cette âme droite et généreuse. Aujourd'hui, c'est Gustave Garrez qu'atteint une mort aussi imprévue que soudaine. Nulle part le deuil de cet homme excellent, de ce savant accompli ne saurait éveiller des regrets plus amers que dans notre Société asiatique. Il n'a pas seulement été invariablement, comme il était dans sa nature, un de ses membres assidus, dévoués. La surprenante étendue de ses connaissances faisait de lui un des représentants les plus complets de cette vaste encyclopédie que la Société embrasse dans son horizon. C'est notre Journal qui garde dans quelques articles d'un caractère vraiment magistral les traces les plus expressives de son grand savoir, de son lumineux esprit.

Pierre-Gustave Garrez était né le 20 avril 1834, à Rome, où son père, grand prix d'architecture, était alors pensionnaire de l'Académie de France. Il revint tout enfant à Paris et fit au collège Henri IV, puis à Louis-le-Grand de fortes études.

C'est vers une activité extérieure que le porta d'abord le mouvement naturel d'une vigueur exubérante. Engagé volontaire en 1854, il prit part, l'année suivante, dans le 6ᵉ régiment de cuirassiers, à la campagne de Crimée. Revenu en France, il se lassa bientôt de la vie militaire ; il se fit exonérer en 1857. Ce fut pour se plonger presque aussitôt avec l'inébranlable énergie de son caractère dans un labeur incessant qui, pendant de longues années, sans autre relâche que les interruptions imposées par la maladie, devait être sa joie, et qui reste son honneur.

A ce moment sa voie lui fut marquée par les goûts littéraires très vifs dont ses premières études avaient laissé en lui le germe fécond. Il tâtonna peu de temps. Le hasard de ses lectures le dirigea d'abord vers les littératures étrangères. Il lut de l'italien, de l'allemand ; s'imposant dès le premier jour la méthode inflexible qui régla son travail dans la suite, il s'assimila les deux langues par un effort dont l'énergie suffit, sans arrêt, sans distraction, à tout le labeur marqué d'avance par une volonté réfléchie et exigeante. La lecture de l'*Histoire de l'antiquité*, de Max Duncker, fixa sur l'Orient ses prédilections hésitantes. Seul, sans direction, sans conseil, armé du *Manuel* de Benfey, il se mit à apprendre le sanscrit avec cette précision et cette rigueur qui sont les marques de son esprit. Le cercle de ses travaux s'élargit vite. Une haute curiosité intellectuelle l'avait seule poussé dans les chemins où il s'engageait. Il n'admettait pas qu'ils devinssent pour lui des impasses. L'Inde le mena à l'Iran, l'Iran aux langues et aux civilisations sémitiques de l'Asie antérieure. Il cultive tour à tour le zend, le persan, le pehlevi, l'arménien, l'hébreu, l'arabe, le syriaque, et la variété de ces études ne fait jamais tort à leur solidité. Son application est si tenace, sa tâche si bien conduite, son esprit si sûr, qu'il porte légèrement un fardeau sous lequel d'autres auraient plié. Dans l'Inde même, son horizon s'étend de proche en proche : c'est de l'histoire qu'il lui faut, par conséquent des enchaînements, des points de comparaison. Du sanscrit, il descend aux prâkrits, aux idiomes irréguliers du bouddhisme, puis aux langues modernes de souche âryenne. Il en suivit toutes les branches avec l'attention la plus pénétrante, sans négliger d'acquérir entre temps des idiomes dravidiens, et en particulier du tamoul, une connaissance approfondie. Toutes ces langues, il les apprit comme s'il n'eût eu d'autre but que leur étude philologique isolée; il s'en servit comme si les vues historiques générales méritaient seules de fixer l'attention et de susciter l'effort. Rarement une érudition aussi précise, aussi bien informée, a été associée à moins de pédantisme, à plus de liberté d'esprit.

Garrez était sorti peu à peu de son premier isolement; après s'être armé par le travail solitaire, il allait demander aux cours publics des enseignements qui, dans un terrain si bien préparé, ne pouvaient manquer d'être fructueux. Il fut, quoique dans une mesure inégale, l'auditeur et l'élève de la plupart des savants qui, vers 1859 et dans les années suivantes, ont honoré chez nous les chaires orientales : Emmanuel de Rougé, Caussin de Perceval, Mohl, Dulaurier, Garcin de Tassy, Defrémery, pour ne parler que des morts. Il trouvait du loisir pour suivre des cours de philologie grecque. Il était de ceux qui, fortement trempés aux lettres classiques, en éprouvent l'impulsion féconde et en goûtent profondément le charme souverain.

Tant de filons à suivre, tant d'études à embrasser laissaient peu de place à la production personnelle. Retard d'autant plus fâcheux que Garrez n'avait pas trouvé sa vocation dès la première heure. La jeunesse a seule le don, heureux malgré ses périls, d'une certaine audace qui, en se hasardant à une production précoce, assouplit d'abord l'esprit pour cette heure prochaine où la circonspection grandissant avec l'expérience l'inclinera à la réserve, où il aura plus besoin de se sentir armé, engagé, par de premiers essais, maître enfin d'un instrument déjà docile. J'ai dit quel goût d'achèvement, de perfection, Garrez porta toujours en lui. Ce qui fut pour lui un ressort puissant devint aussi un obstacle. Difficile à l'excès pour lui-même, il ne pouvait se décider à livrer aux autres ce qui ne le contentait pas pleinement. Esprit large, esprit net, il lui fallait des conclusions générales entourées de démonstrations définitives; avec tant d'exigence, on risque d'écrire peu. Plus ardent à poursuivre la vérité historique que sensible aux succès que promet l'honneur des découvertes, assuré d'une indépendance qui ne lui permettait pas de sentir l'aiguillon parfois utile de la nécessité, Garrez a très peu écrit. C'est, à vrai dire, le seul souvenir pénible que laisse à ceux qui l'ont suivie cette vie si active, si noble, si désintéressée; il n'a point assez écrit pour l'honneur de la science française. Il n'a été apprécié à sa valeur que dans un cercle restreint de confrères. Il a écrit assez pour écarter de leur témoignage le soupçon d'une illusion partiale. Les connaisseurs attentifs ne s'y sont point trompés. Ils sont malheureusement chez nous moins nombreux qu'il ne faudrait.

Ses deux essais principaux, l'un à propos du Bundehesch de Justi (1869), l'autre à propos du Hâla de Weber (1872), ont paru ici. On l'y voit se mouvoir à l'aise sur les terrains les plus divers : zend et pehlevi, arabe et arménien, prâkrit et sanscrit, Inde antique et Inde moderne; familier avec la littérature classique du sanscrit, il a étudié de près les inscriptions anciennes encore médiocrement publiées; il a dépouillé du point de vue prosodique et grammatical les textes du sanscrit bouddhique. Dans le cadre modeste d'un examen critique, on le sent constamment supérieur à sa tâche; il ne se contente pas de discuter le détail avec une lumineuse précision; d'un mouvement naturel soutenu par l'érudition la plus curieuse, il s'élève toujours aux aspects larges du sujet qu'il touche. Aux notions légendaires, qui ont cours dans l'Iran sur l'Oxus, il demandera des indices sur la pénétration de la civilisation indienne dans les régions situées au nord et à l'ouest de l'Hindoukousch; à propos de Hâla, il exposera avec sa ferme sobriété des idées très neuves, et que tout depuis a tendu à confirmer, sur le développement relativement tardif de la littérature classique de l'Inde, sur l'existence antérieure d'une littérature conçue dans les dialectes populaires.

Il a publié soit dans ce journal, soit dans la *Revue critique*, plusieurs autres comptes rendus; aucun, fût-ce le plus court, qui ne soit marqué des mêmes caractères, qui ne porte sa forte empreinte. Sur le pâli (*Etymologisches*, dans la *Zeitschrift der D. Morgenl. Ges.*, t. XIX; — sur les Jâtakas édités par Fausböll, *Revue crit.*, mars 1873), le sanscrit bouddhique (sur la *Praçnottaramâlâ* publiée par M. Foucaux, *Journ. asiat.*, 1867), le zend (sur les Extraits de l'Avesta, publiés par Kossovicz, *Rev. crit.*, mars 1866; — sur le premier volume de l'Avesta de M. de Harlez, *Journ. asiat.*, 1876) il est également préparé. Les idiomes âryens de l'Inde moderne, leur développement, leur histoire, l'intéressaient très spécialement; il les avait tous étudiés d'aussi près que l'insuffisance des matériaux accessibles le permettait à un savant résidant en Europe. Éclairé par sa profonde connaissance des périodes anciennes de la langue, il était arrivé de ce côté aux vues les plus intéressantes et les plus solides, fort en avance sur toutes les notions répandues. Nous n'avons plus pour en témoigner que son article sur le premier volume de la grammaire comparée de Beames (*Rev. crit.*, mars 1873). Rien de plus net, de plus ferme, de plus incisif. Malheureusement, ici comme ailleurs, nous en voyons juste assez pour deviner le prix infini de ce que nous a refusé soit une défiance excessive, soit un excessif besoin de perfection. Sur le peu qu'a imprimé Garrez, chacun a pu, tous les lecteurs attentifs ont dû prendre une haute opinion de son vaste savoir et de sa vive intelligence. Quelques amis ont seuls pu se faire une idée complète du large horizon qu'il avait su embrasser, qu'il avait fouillé en tous sens.

Ses recherches ont toujours été dominées par une préoccupation maîtresse : asseoir plus solidement nos notions sur l'Orient en conquérant le plus possible d'informations historiques positives. Désireux avant tout d'assurer sa marche, il pensait que, pour voir clair dans le passé de l'Inde, la meilleure méthode était moins de descendre la série douteuse ou décevante des monuments littéraires, que de remonter le cours de l'histoire, en s'éclairant de proche en proche le long du chemin et des documents authentiques, et des témoignages étrangers, et des synchronismes, pourvu qu'ils fussent précis et dignes de confiance. Pour lui comme pour Burnell, les lettres des missionnaires, les récits des Portugais avaient fait l'objet de l'étude la plus soutenue. Il voulait, par l'observation attentive des époques plus modernes, restituer au passé la vie complexe et multiple trop souvent masquée par la tradition. Dans la phase actuelle de nos connaissances, il lui paraissait plus urgent d'étudier le bouddhisme et les langues populaires, que le védisme et les œuvres savantes; le rôle des couches profondes de la population, ce qu'il était accoutumé à appeler d'un mot expressif le *Çûdrisme*, lui semblait plus essentiel à démêler que les prétentions souvent théoriques et artificielles du brâhmanisme dogmatique. Dans l'Iran, il s'attacha surtout à restituer, avec une précision géographique qu'il portait dans tous ses travaux, la suite exacte du développement politique, l'action des races diverses, la chronologie des idées religieuses. Sur les origines du zoroastrisme, qu'il ramenait à une époque beaucoup plus basse qu'on ne fait d'ordinaire, sur les Pahlavas, dont il avait, devançant en cela, comme sur bien d'autres points, les démonstrations ultérieures, reconnu de bonne heure le rapport étroit avec les Parthes, sur leur langue, le pehlevi, il était plein des idées les plus neuves.

Dans ce souci constant de déterminer les courants divers qui, se coupant ou se mêlant, ont fait l'histoire de l'Iran et de l'Inde, on devine quelle place devait tenir la conquête d'Alexandre et la question de l'influence grecque. Sans s'exagérer la portée démonstrative des traces qu'elle y a laissées, il était disposé, dans l'Inde, à attribuer une action plus durable et plus profonde qu'on ne l'admet d'ordinaire à l'ébranlement communiqué par le contact hellénique. Un des problèmes qui l'ont le plus attiré, qui, jusqu'à la dernière heure, ont le plus incessamment inspiré ses recherches, était celui qui se rattache à la légende d'Alexandre; il en avait suivi les évolutions pas à pas en Perse, chez les Arabes, en Syrie; et on imagine qu'il n'avait pas négligé d'en étudier les ramifications jusque dans les littératures occidentales du moyen âge.

De tant de vues originales et ingénieuses, de tant de travaux minutieux et méthodiques, de tant de matériaux accumulés, les papiers de Garrez rendront-ils au moins quelques fragments dont la science puisse faire son profit?

Sa conversation, pleine d'abandon et de bonhomie, était un trésor toujours ouvert à qui voulait y puiser. Sa vigoureuse nature n'a jamais manqué d'exercer une juste autorité sur ceux qui le fréquentaient. Cette âme très forte était aussi une âme très tendre. Ses amis savent tous, ils ont tous éprouvé ce que, sous les apparences d'un inaltérable équilibre, d'une rondeur parfois un peu brusque, il portait de dévouement inquiet, ingénieux et fidèle. Par son désintéressement et par sa science, par la sûreté de sa méthode et par sa chaleur communicative, il réunit à un degré éminent tous les dons d'un professeur admirable. Entre les chaires diverses pour lesquelles il était prêt, on n'eût eu que l'embarras du choix. Il ne fut jamais chargé d'aucun enseignement. Sa chatouilleuse indépendance s'en consola sans peine.

Il eut du moins la satisfaction d'exercer plus d'une fois un enseignement officieux qui n'a pas laissé que de porter ses fruits. Près de lui Hauvette-Besnault trouva l'appui et la direction qui le préparèrent à devenir l'initiateur de Bergaigne; sous son impulsion le regretté Stanislas Guyard se tourna vers les études orientales; après l'avoir acheminé assez avant dans le sanscrit pour lui permettre d'écrire avec compétence quelques articles de critique, il devint son premier maître d'arabe. Notre confrère, Clermont-Ganneau, ne me pardonnerait pas de passer sous silence sa dette de gratitude envers un maître qui était resté jusqu'au dernier jour un conseiller si éclairé, si infatigable. Et comment oublierais-je ce que j'ai trouvé dans son amitié d'encouragement, de lumière? Il faudrait citer tous ceux qui l'ont approché avec un goût sérieux des lettres orientales. Je ne serai démenti par aucun d'eux en affirmant que tous, à des degrés divers, ils ressentent ce que je ressens si douloureusement moi-même, que la disparition prématurée de cet homme rare ne met pas seulement un deuil dans leur cœur, qu'elle laisse comme un vide dans leur vie intellectuelle. Garrez a eu sa part d'action dans le mouvement contemporain de l'orientalisme. Quel regret, quel dommage pour nos études qu'elle n'ait pu prendre toute l'ampleur qu'elle méritait si bien !

Pendant de longues années, notre Société a été, on peut le dire, le centre de sa vie. Ce qu'il lui a rendu de services, donné de temps, apporté d'ardent intérêt, M. Barbier de Meynard l'a rappelé déjà en termes émus. Rien ne se peut ajouter à un témoignage si autorisé, si chaleureux. Garrez était très occupé de faire de la Société asiatique ce qu'elle doit être, le foyer commun de la famille orientaliste parmi nous. Il avait su y fixer un cercle peu nombreux mais fidèle, attiré par sa cordialité enjouée, par sa chaude sympathie intellectuelle, par son savoir toujours libéral. C'est certainement là, parmi les travailleurs qu'il voyait se former pour l'honneur de nos études, qu'il a connu quelques-unes des meilleures heures de sa vie.

Cette vie se ferme sans avoir conquis dans le public la réputation légitimement due à tant de travail et de mérite. C'est une tristesse pour les amis de Garrez. Quant à lui, jamais une pareille préoccupation ne l'a effleuré. Il était aussi supérieur à la vanité qu'étranger à l'ambition. Sa noble carrière, toute pleine d'une activité sans agitation quoique sans repos, gouvernée par une âme haute et sereine, éclairée par un esprit admirablement ferme et étendu, restera inoubliable à ses confrères et à ses amis; elle leur sera, mieux qu'un cher souvenir, un modèle fortifiant. Quelle récompense plus enviable pour un homme qui, avec la patrie, a surtout passionnément aimé deux choses : la science et l'amitié?

E. SENART.